Ein Elfenhellfer Selbsthilfebuch

Sei liebevoll zu Dir

Verfaßt von
Cherry Heartman
Illustriert von
R.W. Alley

Edition LebensTraum
im Sequoyah Verlag

Vorwort

Hier ist die Fortsetzung des Bestsellers „Sei-gut-zu-dir“, das kleine Selbsthilfebuch mit der machtvollen Botschaft, das bereits mehr als ein halbe Million mal gekauft wurde!

Cherry Hartman's erfrischend hilfreiche Lebensregeln und R.W. Alley's sympathische und ausdrucksstarke Zwelfen-Illustrationen sind eine unüberbietbare Kombination, ein Buch, das Du mit Dir lieb gewordenen Menschen wirst teilen und ebenso behalten wollen – als einem Weg, wirklich gut zu Dir selbst zu sein!

Cherry selbst sagt darüber: „Es ist bereits einige Jahre her, da begleitete ich therapeutisch eine Frau, die eine fixe Fantasievorstellung hatte. Sie glaubte daran, dass von Geburt an alle Menschen – sie selbst ausgenommen – ein Buch mit Regeln mit auf den Weg bekommen hätten.

Als Ergebnis davon glaubte sie auch, dass alle alles Mögliche über das Leben wissen, was sie nicht weiß. Als sie diese Fantasie nicht aufgeben wollte, schrieb ich ihr ein Buch mit Lebensregeln. Dies wurde zum ersten „Sei gut zu dir Selbst –

Therapie"-Buch, der erste „Elfenhellfer", der 1987 herauskam.

Natürlich sind die Regeln in Wirklichkeit Erlaubnisse, die Erlaubnis, gut für uns selbst zu sorgen und unseren Gefühlen Aufmerksamkeit zu schenken.

Wir haben zwar alle unzählige Befehle in unseren Köpfen, aber die meisten von uns haben nicht genug sanfte, selbst-nährende Botschaften. Zu oft sorgen wir primär für andere Menschen, in der Hoffnung, dass diese zum Ausgleich dafür uns umsorgen werden. Aber nur selten funktioniert das auch so! Wir müssen alle selbst gut auf uns aufpassen!

So findest du hier nun eine neue Kollektion von Regeln, die Dich darin unterstützen mögen, gut auf Dich selbst und Deine Gefühle zu achten. Sie wirken am besten, wenn Du sie häufig als regelmäßige Erinnerung und inspirierenden Ansporn zu echter Sorge für Dich selbst liest.

In meiner therapeutischen Praxis verbringe ich eine Menge Zeit damit, meinen Klienten zu helfen, sanft und liebevoll mit sich zu sein. Meine Hoffnung ist es, dass auch Du lernen wirst, Dir selbst mit echter Liebe und Freundlichkeit zu begegnen."

1.

Verpflichte Dich jeden Tag aufs Neue, zu der neuen Person, die Du an diesem Tag bist, gut und liebevoll zu sein. Wenn Du es nicht für Dich tust, wer wird es dann tun?

2.

Wenn Du deprimiert bist, sei Dir darüber klar, dass Depression aus traurigen und wütenden Gefühlen besteht.
Erkenne und benenne, was Dich traurig oder wütend macht, sodass Du diesen Gefühlen gegenüber aktiv sein kannst.

Cafe zur Guten Zeit

3.

Wenn Dir die Welt kalt, feindlich und nicht gerade einladend erscheint, dann suche einen friedvollen Ort in Dir auf.

4.

Wenn Du Dich wie in einer Falle gefangen fühlst, dann versuche, über kreative Wahlmöglichkeiten etwas zu zeichnen, zu erträumen oder schriftlich festzuhalten. Es hilft schon alleine das Wissen, dass Du Alternativen hast.

PENDLER - ZUG
QUATSCH im BILD
TAGES-TRATSC
GEPLAPPER der WOCHE

5.

Wenn Du etwas zu tun hast, das Dich bange macht - zum Beispiel eine Rede zu halten oder jemanden mit etwas zu konfrontieren - dann schließe Deine Augen, atme tief durch und entspanne Dich. Stelle Dir vor, wie Du ganz ruhig, voller Zuversicht und stillem Vertrauen handelst.

DER
CHEF
ZUM
BÜRO
ELF
A.G.

6.

Wenn Dich andere kritisieren, dann höre sorgfältig zu. Stelle fest, ob sie Dir eine nützliche Information geben oder aus eigenen Ängsten und eigener Bedürftigkeit so sprechen. Handle demgemäß.

BOSS

7.

Wenn Dir Anerkennung nicht so zugesprochen wird, wie Du es verdienst, dann äußere Dich entsprechend. Auch wenn nicht jeder Beitrag, den Du leistest, anerkannt zu werden braucht, ehrst Du Deinen eigenen Wert, indem Du ein wesentliches Übergehen oder Übersehen richtigstellst.

SPITZENWERTE
PROFIT
BOSS

8.

Wenn Du andere nicht dazu bringen kannst, Deinen Blickwinkel zu verstehen, dann versuche ihren zu verstehen. Vielleicht deckt sich das, was Du sagst, nicht mit dem, was sie hören. Ein wechselseitiges Verstehen kann von jeder der beiden Seiten seinen Anfang nehmen.

GANZ GROSSES KAUFHAUS
KUNDENDIENST
& RÜCKNAHME (MANCHMAL)
RÜCKNAHME REGELN:
1
2
3

9.

Wenn Du Dich wie ein Versager fühlst, dann mache etwas, worin Du gut bist: Nähe oder bügle, jäte den Garten, lasse einen Drachen steigen oder löse ein Kreuzworträtsel ganz auf.

V.B.
STORE

10.

Wenn Du einen Fehler gemacht hast, tue, was Du kannst, um ihn auszubessern. Wenn jemand anderer davon betroffen ist, dann bitte um Entschuldigung und, wenn es angebracht ist, sorge für Wiedergutmachung. Denke darüber nach, was Du gelernt hast, und dann lass los.

11.

Wenn Du versuchst, Dich zu motivieren, indem Du Dich fertig machst, halte ein! Das funktioniert nicht; es führt bloß dazu, dass Du Dich schlecht fühlst. Stattdessen rufe Dir Deine Stärken und Fähigkeiten in Erinnerung.

12.

Wenn Du zu viel zu tun hast, dann zehre Deine Energie nicht auf, indem Du Dir ständig Sorgen machst über all das, was noch nicht erledigt ist. Kümmere Dich um das, was Vorrang hat und halte Dir zugute, was Du vollbringst.

SOAP

13.

Wenn Dir langweilig ist, mache eine Liste von Dingen, die Du gerne tust. Verlängere die Liste mit den Dingen, von denen Du geträumt hattest, sie zu tun. Und dann mache jeweils eines aus jeder Kategorie.

14.

Wenn Du ungeduldig darauf
wartest, dass etwas geschieht,
betrachte die Zeit des Wartens
als ein Geschenk.
Benutze es, um die Erwartung
ganz auszukosten und den
momentanen Augenblick
zu erfahren.

HIER IST DIE SCHLANGE
ZIRKUS KARTEN

15.

Wenn Du erkennst, dass Du unvernünftig reagierst, nimm Dich zurück: Mache einen Spaziergang oder gehe in ein anderes Zimmer. Versuche Dir darüber klar zu werden, was Du fühlst. Dann schaue, ob Du nochmals neu beginnen kannst.

ELF
A.G.

16.

Wenn Du Dich von Dir selbst unter Druck gesetzt fühlst, Dich zu "bessern", oder wenn Du Dir sagst, dass Du etwas "tun solltest", dann frage Dich, was wirklich los ist. Bist Du Deinen eigenen Bedürfnissen gegenüber wirklich ehrlich oder sprichst Du nur die Erwartungen anderer nach?

VoRSäTZE

17.

Wenn Du findest, dass Du zu
lange oder zu hart arbeitest,
überlege, ob es wirklich nötig ist.
Es könnte sein, dass da Gefühle
sind - von Traurigkeit, Wut,
Angst oder Schmerz - die Du
zu vermeiden trachtest.

18.

Wenn jemand Deine Aufmerksamkeit möchte und Du hast nicht das Gefühl, dass Du in diesem Moment darauf eingehen kannst, dann ist es okay, nein zu sagen. Du kannst Dich um andere kümmern und gleichzeitig Deine eigenen Grenzen in Betracht ziehen und beachten. "Nein" kann eine liebevolle Antwort sein.

KLEISTER

19.

Wenn andere zu viel von Dir erwarten, sprich darüber. Sag ihnen, was Du tun kannst. Dann findet gemeinsam Problemlösungen, um zu klären, wie sie ihre Bedürfnisse erfüllt bekommen können.

KLEISTER

20.

Wenn Du Dich um jemand anderen in einer unangebrachten, übertriebenen Weise kümmern möchtest, dann möchtest Du wahrscheinlich, dass sich jemand um Dich kümmert. Gebrauche diese Energie, um herauszufinden, wie Du für die Erfüllung Deiner eigenen Bedürfnisse sorgen kannst.

21.

Wenn Dir bange zumute ist, dann respektiere dieses Gefühl. Es spricht zu Dir von einer Bedrohung, sei sie nun wirklich oder eingebildet. Das verdient Deine Beachtung.

22.

*Wenn Du Dich fürchtest und
die Situation nicht ändern kannst,
dann stelle Dir vor, dass ein weißes,
schützendes Licht Deinen Körper
einhüllt und umgibt und Dich
sicher vor Schaden bewahrt.
Du kannst dieses Licht auch
anderen "zusenden".*

23.

Wenn Du einen Verlust erfährst,
dann lasse Dein Trauern geschehen.
Schalte Deine Gefühle nicht ab;
sei traurig und wütend und weine,
wenn Dir danach ist. Und lasse Dir
von niemandem erzählen, dass
Dein Verlust keine Wichtigkeit hat
oder dass Du schon darüber
hinweg sein solltest.

FIDO

24.

Wenn Du Dich leer fühlst, schaffe Dir den Raum zu erfahren, was immer da ist: Traurigkeit, Schmerz, Verletztsein, Einsamkeit. Dann mache Dich ganz voll, indem Du Dich guter Gefühle erinnerst: Denke an die Dinge, die Du vollbracht hast, die Dinge, an welchen Du mitgewirkt hast und all die Arten und Weisen, in welchen Dich Menschen geliebt haben.

ANDENKEN-SCHACHTEL

25.

Wenn Du etwas machen musst, das Du nicht gerne tust, dann sei sanft und mitfühlend mit Dir.
Wenn es das Richtige zu tun ist, tue es - und dann belohne Dich auf besondere und einfache Weise.

BROT
EIER
SAFT
TEE
KUCHEN

26.

Wenn Dir etwas peinlich ist, sage es einfach. Verlegen zu sein ist menschlich; Du brauchst diese Tatsache nicht zu verstecken.

27.

Wenn andere versuchen, Dir Schuldgefühle einzuimpfen, dann kläre für Dich selbst, was es genau ist, das sie von Dir wollen und ob es wirklich passend und angebracht ist, dass Du diese Ansprüche und Bedürfnisse befriedigst.

28.

Wenn das Ausmaß Deines Ärgers der augenblicklichen Situation nicht zu entsprechen scheint, dann handelt es sich wahrscheinlich um etwas Altes.
Vergegenwärtige Dir, wann Du zum ersten Mal so gefühlt hast und ob Deine Gefühle damals ignoriert oder nicht anerkannt wurden. Erkenne und würdige diese Gefühle jetzt.

Le
Menu

29.

Wenn Dich jemand beschimpft, dann lasse die Situation einfach hinter Dir. Es gibt im Augenblick nicht ausreichend guten Willen und Respekt, dass es zu einem guten Ergebnis kommen könnte.

Le
Menu

30.

Wenn Du auf jemanden wütend bist, mit dem Du die Sache nicht besprechen kannst - weil dieser Mensch nicht ganz unbedenklich ist oder nicht ausfindig gemacht werden kann oder bereits gestorben ist - dann schreibe diesem Menschen einen Brief (einfach für Dich selbst) und sprich darin alles aus, was Du fühlst.

31.

Wenn Du unruhig und unzufrieden bist, ändere Deine Routine. Stehe früher oder später als gewöhnlich auf, räume das Wohnzimmer um, fange damit an, täglich einen Spaziergang zu machen.

32.

Wenn Du von anderen etwas möchtest, lasse es sie wissen. Was sie Dir geben, wird nicht weniger Wert sein, wenn Du sie bitten musst. Ihre Liebe beweist sich nicht durch ihre Fähigkeit, Deine Gedanken zu lesen.

33.

Wenn Du gereizt bist, sei Dir selbst ein Freund. Nimm Dir etwas Zeit für Dich alleine und versuche, das Leben weniger ernst zu nehmen, indem Du etwas Spielerisches und Unbeschwertes machst.

34.

Wenn jemandes Erfolg Dich still, unbehaglich oder kritisch macht, dann untersuche einmal, was hinter Deiner Reaktion steckt. Du wirst nicht geschmälert, wenn andere Erfolg haben. Dein Leben ist kein Wettstreit mit ihnen.

ELFEN PREIS
PRESSE

35.

Wenn Deine Träume entzweigehen,
dann kehre die Stücke zusammen
und hebe sie auf.
Bruchstücke der Hoffnung können
im Schutt zerbrochener Träume
gefunden werden.

36.

Wenn Dir eine dieser „Regeln“ falsch erscheint, dann sprich mit jemandem darüber. Schreibe sie dann neu, sodass sie Dir entspricht.

Die Geschichte der Elfenhellfer-"Elfen"

Die einnehmenden „Zwelfen"-Gestalten, welche die „Elfenhellfer"-Publikationen des *Sequoyah-Verlages* bevölkern, erschienen erstmals 1987 auf den Seiten eines kleinen Selbsthilfe-Buches von *One Caring Place*, St.Meinrad, Indiana, das sich „Sei-gut-zu-Dir-Therapie" nannte.

Vom Mitarbeiterstab „geschaut" und entworfen und aus einem auf Deutsch nicht gänzlich wiederholbaren Wortspiel zwischen Elf-Help (Elfen-Hilfe) und Self-Help (Selbst-Hilfe) aufgetaucht, haben die „Zwelfen" in den einfallsreichen Illustrationen von R.W.Alley ihre endgültige Gestalt erlangt und lebten erstmals die sanften Ratschläge der Autorin Cherry Heartman (und weiterer Verfasser) mit Charme, Treffsicherheit und Humor vor.

So haben die „Elfenhellfer" begonnen, uns mit erhellenden EinSichten und AusSichten zu „hellfen", das Leben lichter und unmittelbarer zu sehen. Unter der Devise „Heller statt schneller" geben sie uns „LebensMittel" an die Hand und ans Herz, die sich als wahrhaft nahrhaft für das Gedeihen unseres eigentlichen Wesens und als recht wesentlich für unser DaSein erweisen.

Sie bereichern uns mit „Gehfühlen" und „Gehdanken", die unseren seelischen Himmel aufklären können und die mit der warmen Weisheit und dem leuchtenden GeWahrsein unserer Herzen in wohltuende Resonanz treten.

Der Widerhall bei den Lesern war so enthusiastisch, dass bald schon mehr Elfenhellfer-Selbsthilfebücher auf dem Weg waren; eine immer noch wachsende Reihe, die auch eine Anzahl verwandter „Gehschenk-, Gehspür- und Gehdenk"-Artikel inspirierte.

Dem überaus liebenswerten Charakter der ersten Bücher, der mit Vergnügen seine „Zwelfen"-Mütze trägt, die von einer lebhaften, alle Stimmungsänderungen mitmachenden Kerze gekrönt ist, hat sich inzwischen ein beherztes weibliches Elfenwesen mit Blumen im Haar angeschlossen.

Diese zwei überschwenglichen, feinfühligen, findigen, warmherzigen und liebenswerten Geister – zusammen mit ihrer lebhaften „Zwelfen"-Gemeinschaft – berühren und enthüllen uns, was wirklich wichtig ist, indem sie Botschaften von Freude und Ver-Wunderung, von spielerischer Munterkeit und von Mitschöpfung, von Ganzheit und heiterer Gelassenheit vermitteln, Botschaften vom Wunder des Lebens und vom Mysterium der Göttlichen Liebe.

Wir kommen dabei „auf manchen dieser Seiten des Lebens" ohne viel Aufhebens, aber spürbar mit dem Allguten, durch das alles, was ist, ist, in Berührung. In personaler oder alles Personale übersteigender Weise können wir erfahren, dass Er-Sie-Es uns alle samt und sonders in sich birgt. Wie es denn – alles abrundend – in dem Elfenhellfer *„Ein einfacheres Leben"* ohne Umschweife heißt: „Wisse, dass Dein wahres Zuhause in der heiligen Gegenwart liegt. So einfach ist es."

Mit verschmitzter Stimmigkeit, vergnüglicher Weisheit und großer Herzenswärme demonstrieren die kleinen Zwelfen-Geschöpfe mit den etwas längeren Nasen den Elfenhellfer-Weg zu einem reichen und erfüllenden Leben.

Elfenhellfer im Sequoyah-Verlag

Blättertal 9, A-2770 Gutenstein, www.sequoyah-verlag.at

Elfenhellfer....und das Leben lächelt Dir zu!

Sei gut zu Dir (ISBN 3-8546 6-000-2)

Der originale Bestseller, der die populäre Elfenhellfer-Bewegung ursprünglich ausgelöst hat! Für alle jene, die sich an der Wahrheit ihrer eigenen Liebens-Würdigkeit zu erfreuen wünschen. Die Autorin und Sozialarbeiterin Cherry Heartman wirft einen wohlgemuten Blick in die positive Macht echter Selbst-Liebe und gibt 37 weise und bezaubernd illustrierte „Hellfer", wie man mit dem Alltag zurechtkommen und dabei ehrlich, ganz und liebevoll leben kann.

Dein inneres Kind Erinnern (001-9)

Machst Du Dir ständig Sorgen über die Vergangenheit oder hast Du Angst vor der Zukunft? Dein inneres Kind zu erInnern und immer nur einen Tag auf einmal zu nehmen hilft Dir, Dich nur auf einen einzigen Tag auszurichten – den heutigen Tag. So erweckst Du Deine Zuversicht als ein begabtes Kind Gottes – glücklich, geliebt und schöpferischer Lenker Deines eigenen Lebens.

Ein einfacheres Leben (002-6)

Das Leben ist eine komplizierte Angelegenheit. Zuviel zu tun, zuwenig Zeit. „Ein einfacheres Leben" bietet einen Weg mitten durch die komplexe komplizierte Verwickeltheit in unserem Leben und lädt uns ein, dieses unser Leben auf seine Essenz zurückzuführen und dabei seine einfacheren Geschenke, Freuden und Vergnügen wiederzuentdecken.

Bleib guten Mutes (003-3)

Für alle jene von uns, die sich alltäglichem Ungemach und Rückschlägen gegenübersehen. Dieser Elfenhellfer bietet wundervoll illustrierte Reflexionen, die „hellfen", den Geist aufzurichten und stark zu machen. Sie unterstützen Dich dabei, eine Haltung der Hoffnung wachsen zu lassen und diese zu einer heilsamen Gewohnheit zu machen.

Lasse Dir Zeit (004-0)

Dieser Selbsthilfe-Führer für hastige, hastende Leute enthält 35 konkrete und handfeste Ideen, die Dir hellfen mögen, etwas wiederzugewinnen, was Du bereits besitzt: Zeit, genügend Zeit. Du wirst Deinen eigenen Weg zu einem friedvolleren, entspannteren Gebrauch von Zeit finden, selbst in den allergeschäftigsten Situationen.

Loslassen im Annehmen (005-7)

Für jene, denen es schwerfällt loszulassen, sowie für jene, die damit ringen, sich mit der „Gebrochenheit" des Lebens auszusöhnen, liegt hier ein köstlicher, inspirierender und befreiender Führer zu spiritueller Wegfindung, seelischem Wohlbefinden und heiterer Gelassenheit vor. Eine Reise in Richtung einer lebensbejahenden, heilsamen Sichtweise, die spürbar an das Wesen von Wieder-ganzwerden und echtem Wohlergehen rührt.

Elfenhellfer....Geschenke für ein lichtes Leben!

Sei gut zu Deinem Körper (ISBN 3-85466-006-4)

Während wir auf Pfaden persönlichen Wachstums und Wegen der Transformation unterwegs sind, übersehen wir oft eine lebenswichtige Komponente, die uns auf dieser Reise begleitet – unsere Körper. Und wie wir uns in unserem Körper fühlen, hat seinen Einfluß auf unser ganzes Da-Sein. Dieser „Elfenhellfer" ist eine wahre Quelle gesunder, stimmiger Körper-Weisheit, eine ganzheitliche Herangehensweise an Fitness als den äußeren Ausdruck innerer Freude.

Sei gut zu Deiner Ehe (007-1)

Dieser „Elfenhellfer" für verheiratete Paare ist ein warmherziger Führer für jene, die grundlegende Regeln von Liebe und Romantik kennen, aber einer gelegentlichen Ermutigung bedürfen, um das Knistern und die Freude ihre gemeinsamen Lebens wieder anzufachen. Ratschläge, die Hand und Fuß haben und praktisch erprobt wurden von Paaren, die sie als wahr und wirksam erfahren haben.

Feiere Dein Frau-Sein (008-8)

Feiere die einzigartige Erfahrung und die vielfältigen Gaben, die darin liegen, eine Frau zu sein. Dieses zauberhaft illustrierte Büchlein schäumt über mit einer bejahenden und ermächtigenden Botschaft für Frauen jeden Alters und in jedweder Lebenssituation.

Alles Gute zum WiederGeburtsTag (009-5)

Hier findest Du eine wunderbare Einladung zu einer sinnvollen Feier dieses besonderen Tages, an dem der Autor des Lebens einen jeden von uns – wieder – in die Geschichte einschrieb. Mit Tiefe und Gefühl, aber jenseits von Klischees und Sentimentalität, erforscht „Alles Gute zum Wieder-Geburtstag" die vielen Dimensionen von Geburtstagen – wie Dingen ins Auge zu blicken, die man bereut, über die Würdigung der Gegenwart bis hin zum offenen Willkommenheißen der Zukunft. Diese unnachahmliche „Elfenhellfer-Mischung" aus Zwelfen-Charme und lebendiger Resonanz macht diesen gehaltvollen „Geburtstagsgruß" zu einem idealen Geschenk.

Spiele Dich frei (010-1)

Mit fröhlichen Illustrationen und ermutigenden Hinweisen erinnert uns der Autor, dass es „in Ordnung ist zu spielen und glücklich zu sein". Gott spielte uranfänglich mit grenzenlosen Möglichkeiten – einschließlich Dir – und es war gut.

Vertraue Deiner Trauer (011-8)

Der Tod eines geliebten Menschen hat eine machtvolle und bedeutende Auswirkung auf unser Leben. Das Trauern braucht seine Zeit und verdient positive Beachtung. Dieses Büchlein bestärkt jene, die trauern, dass ihr Schmerz zu einer tiefgreifend verwandelnden Heilung werden kann.

Elfenhellfer..... und das Leben lächelt Dir zu!

Neues Baby – Neues Leben (ISBN 3-85466-012-5)

Herzliche Gratulation zu Eurem neuen kleinen Bündel voller Segnungen! Kein Zweifel, Ihr seid überwältigt von Freude – und sehr wahrscheinlich auch von Erschöpfung! Dieses bezaubernd illustrierte Büchlein wird Euch hellfen, aus dieser besonderen Zeit das Beste zu machen – und auch mit dem Schwierigsten dabei zurechtzukommen.

Beflügelt Lehrer sein (013-2)

Lehren kann eine zähe und anstrengende Sache sein; es stellt große Anforderungen und ist sicher mehr eine Berufung als ein Beruf. Die weisen, inspirierenden Worte und eindrücklichen Illustrationen dieses „Elefenhellfers" können den Enthusiasmus eines jeden, der lehrt, wieder erneuern.

Sei gut zu Deiner Familie (014-9)

Es kann heutzutage schon hart sein, eine Familie zu sein. Kultureller und finanzieller Druck, wettstreitende Anforderungen, sich verschiebende Werte machen ein Familienleben zu einer größeren Herausforderung als es das je war. Feiere trotzdem die Freuden und Wunder, den Segen und die Einzigartigkeit Deiner Familie mit „Sei gut zu Deiner Familie".

Aus ganzer Seele leben (015-6)

Das Leben ist ein unglaubliches Geschenk. Alltagsroutine und alle Arten von Schwierigkeiten können dazu führen, dass wir unser umfassendes Gewahrsein und unsere segensvolle Mitte verlieren. „Aus ganzer Seele leben“ ist ein einziger erfrischender Weckruf, leidenschaftlich und absichtsvoll und wach zu leben.

Freundschaft entfalten (016-3)

Mit herzerfrischenden Illustrationen und tiefgehenden Gedanken ermöglicht Dir dieser „Elfenhellfer“ voller zu verstehen, was es bedeutet, Freund zu sein – mit all seinen Freuden und Herausforderungen. Wahrhaftig und ermutigend ist „Freundschaft entfalten“ ein herausragendes Geschenk für Dich selbst wie jemanden, der Dir am Herzen liegt.

Dem Stress heilsam begegnen (017-0)

Mit kurzen, gesunden Ratschlägen und Zeichnungen, die das Herz leicht machen, schenkt dieses kleine einzigartige Buch praktische, effektive und einsichtsvolle Anleitung, wie wir Stress erkennen und lebensförderlich handhaben können; wie wir in Kontakt bleiben können mit unseren wahren inneren Werten und dabei eine seelische Heiterkeit erlangen, die uns noch in Zeiten ärgsten Stresses dienlich ist.

Elfenhellfer..... Geschenke für ein lichtes Leben!

Elfenhellfer für vollbeschäftigte Mütter

(ISBN 3-85466-018-7)

Aus diesem wunderbaren Handbuch und Geschenkbuch für alle Mütter: „Widerstehe dem Drang, Dich mit anderen Müttern zu vergleichen. Gott ließ Dir diese Familie zuteil werden (und schenkte Dich ihnen) aus einem besonderen Grund. Du hast alles, was Du brauchst, um eine liebende, sorgende Mutter zu sein.“ 38 einsichtsvolle „Hinweise, wie es sich gut Mutter sein lässt!“

Erfüllende Arbeit *(019-4)*

Hier geht es um die Bedeutung und den Wert der Arbeit im weitestmöglichen und lebensfördernden Kontext. Praktische Weisheit in reicher Fülle für alle Gebiete von Mit-Schöpfung und Zusammenarbeit bis zu gesundem Umgang mit Stress. Diese „Arbeitstherapie“ kann gute Arbeit für Dich leisten!

Sich im Garten wieder finden *(020-0)*

Ein Elfenhellfer so frisch wie der Frühling, der die vielen Weisen betrachtet, wie Gärtnern Licht und Leben in unsere persönlichen Welten bringt. Im Sinne des chinesischen Sprichwortes „Ein Buch ist wie ein Garten, den man in der Tasche trägt“, ist es ein sanfter „Einsteck“-Therapeut für die Hosentasche. „Gärten lehren, Gärten erquicken, Gärten lassen uns wachsen. Kümmere Dich um Deinen Garten, und die ganze Welt verwandelt sich.......und strahlt!“

Wieder gesund werden (021-7)

Kann Dein Führer sein, um Krankheit mit Deinem ganzen Sein gegenüberzutreten. Seine besänftigenden Worte und „ein-leuchtenden" Illustrationen werden Dich während des ganzen Verlaufs Deiner Genesung ermutigen und inspirieren, durch Unsicherheit und Angst, Verlust und Wandel hindurch.
Eine Hilfe für Dich, in Heiterkeit und Frieden anzukommen – und einem alle medizinischen Vokabel transzendierenden Wohlbefinden.

Dankbar sein (022-4)

Zu bestimmten Zeiten – beim Zusammenkommen mit seinen liebsten Menschen, beim glatten Segeln in Arbeit und Beziehungen, bei Ehrfurcht erweckenden Erlebnissen in der Natur – entsteht Dankbarkeit ganz leicht. In Zeiten von Schmerzen und Krankheit aber ist es beinahe undenkbar. In diesem kleinen Band wirst Du entdecken, wie und warum dankbar sein so gut, so passend und so wohltuend ist – und zwar immer.

Den Frieden leben (023-1)

Wir sehnen uns nach Frieden in vielen Formen:
Nach innerem Frieden, Frieden in Beziehungen, Frieden in unserer Nachbarschaft... Dieser Elfenhellfer legt uns nahe, dass aller Frieden in unserem Herzen beginnen muss. Und er teilt mit uns die Weisheit, wie man den Frieden im Innern nähren und gegenüber der Welt einen friedvollen Standpunkt einnehmen kann.

Elfenhellfer..... beleben....bestärken....beflügeln!

Erlaube Dir zu vergeben (024-8)

Geh darüber hinaus, ein Opfer der Handlungen anderer zu sein und entdecke die Freiheit, die Dein Eigen ist, indem Du Dich für heilsame Vergebung entscheidest. Die 35 befreienden Lektionen dieser „Vergebungs-Therapie" können Dir hellfen, wieder dort zu sein, wo Du – aufs Neue – Dein Leben selbst in der Hand hast, indem Du, statt in Verbitterung zu gehen, die heilende Wahl des Wohlbefindens triffst.

Nimm Dein Leben in die Hand (025-5)

Hast Du manchmal das Gefühl, dass Dein Leben außer Kontrolle kippt? Scheinen andere Leute und Umstände Dein Leben zu bestimmen? Frägst Du Dich nach dem besonderen Sinn und Zweck Deines Lebens? Wenn ja, dann kann Dir dieses „Handbuch" hellfen, Dein Leben wieder auf Kurs zu bringen. Eine einzigartige, vergnügliche und ansteckende Anleitung, das Leben zu lieben und zu leben.

Stille Deine Sorgen (026-2)

Bist Du oft beunruhigt und besorgt, ganz voller Sorgen und Befürchtungen? Keine Sorge! Dieser kleine „Hellfer" kann Dir genau jene Entlastung und Erleichterung bringen, die Du brauchst. Er bietet praktische Hinweise, wie Du Dein Leben „sorgenfest" und „sorgendicht" machen kannst, und weist den Weg zu einem spirituellen „Sich-Ergeben", das zu wahrer Gelassenheit führt.

Sei liebevoll zu Dir (027-9)

Wir haben zahllose „Du sollst" in unseren Köpfen, aber den meisten von uns fehlt es an genügend sanften nährenden Botschaften für sich selbst. Zu oft kümmern wir uns um andere Menschen, weil wir hoffen, dass sie sich ihrerseits um uns kümmern werden. Aber das funktioniert selten in dieser Weise. Wir müssen selbst für uns Sorge tragen und unseren Gefühlen Beachtung schenken. Wir müssen lernen darauf zu achten, uns selbst mit Liebe und Güte zu behandeln.

Sei sanft mit Deiner Wut (028-6)

Wut kann eine schmerzhafte und machtvolle Emotion sein, die mit sich bringt, dass man sich hilflos und überwältigt fühlt. Hier gibt es in klarer und unwiderstehlicher Sprache einen Wegweiser zum effektiven Umgang mit Wut. „Sei sanft mit Deiner Wut" zeigt, wie Du Deine Wut loslassen, abschließen und auflösen kannst. Du erzeugst eine positive Verwandlung ihrer Energie und lernst dabei viel über Dich selbst.

Elfenhellfer für Teenager-Eltern (029-3)

Irgendwann um die Zeit, wenn Dein Kind dreizehn wird, bemerkst Du, dass die Person, die Du von klein auf aufgezogen hast, plötzlich ein Fremder ist – ein TEEN-Ager. Dies ist ein Mini-Handbuch, das Dir Geschick und Strategien vermittelt, wie Du durch diese schwierige Passage navigieren und sie – mit Genuß und Freude – überleben kannst.

Elfenhellfer..... und das Leben lächelt Dir zu!

Sich selbst wertschätzen (030-9)

Selbstwert ist mehr als ein Gefühl der Selbstsicherheit und reicht ins Herz der eigenen Identität. Sie bekräftigt, dass Du – gerade so wie Du bist – angenommen und liebenswert bist. Ohne entsprechende Selbstwertschätzung empfindet man ein schmerzhaftes Gefühl des Nicht-in-Ordnung-seins und innerer Leerheit. Dieser Elfenhellfer-Band zeigt auf, wie die Macht, dein verwundetes Selbstwertgefühl zu heilen, in Dir selbst ruht.

Älter werden, weiser werden (031-6)

Wir werden alle älter. Wir können diese Situation als mit Gefahren und Verfall befrachtet sehen, oder voller Versprechen und Möglicheiten. In diesem Büchlein hellfen die Zwelfen, die Bedeutung und die Mission der älteren Jahre zu entdecken – Lektionen von Stärke, von Langlebigkeit und reichen Früchten. Nicht vergessen: Man ist nur einmal alt!

Aus Depression auferstehn (032-3)

Wir haben als Kinder gelernt, unsere Schuhe zu binden und Rad zu fahren, aber die Kniffligkeiten und Komplikationen im Umgang mit Emotionen wurden uns nicht gelehrt – insbesondere bei Hoffnungslosigkeit und Traurigkeit. Dieser Elfenhellfer unterstützt Dich, mit einem Blick ins eigene Herz und in die eigene Seele – wie auch bei anderen – Hilfe zu finden.

Die Musik in Deinem Leben (033-0)

„Wenn Musik Nahrung für die Liebe ist, spiele weiter" schrieb William Shakespeare. Und Musik mit Nahrung und Liebe zu verbinden ist ein weiteres Beispiel für das Genie des Barden. Musik hat schließlich – wie Nahrung – das Vermögen, unseren Hunger zu stillen wie unserer Freude und Sehnsucht sowie Bedauern und Trauern und schierem Vergnügen Ausdruck zu verleihen. Und wie die Liebe kann Musik unsere Herzen berühren und uns Menschen und Orte und Ereignisse bewußt werden lassen, die sich unserem Leben mit süßen wie traurigen Melodien eingeprägt haben.

Feine Eltern sein (034-7)

Die meisten von uns wissen nicht, worauf sie sich einlassen, wenn sie Eltern werden. Sowohl die Verantwortung als auch der Lohn erweisen sich als viel größer, als wir erahnen. Hier gibt es „Support" für die beträchtliche Herausforderung, liebsorgende, verantwortliche und effektive Eltern zu sein. Der Lohn: Mehr Liebe und Freude, als wir jemals wussten, dass unser Herz sie fassen können.

Auch Scheidung ist heilbar (035-4)

Aber es erfordert großen Einsatz, denn schließlich bewegt sich diese Erfahrung von Verlust auf so vielen Ebenen einschließlich des Verlustes zutiefst gehegter Träume. In dieser Zeit eine Mitte zu haben ist von äußerster Wichtigkeit – ein Ort, wo Du und Deine Welt noch okay und grundlegend gut sind. An genau diesem Ort findet Heilung und Wachstum statt.

Elfenhellfer..... Geschenke für ein lichtes Leben!

Du bist nicht allein (ISBN 3-85466-036-1)

Einsamkeit sagt uns, dass etwas aus dem Gleichgewicht ist und dass etwas fehlt in unserem Leben. In diesem Buch findest Du sanfte und praktische Vorschläge, die einen Weg der Erleichterung zeigen. Die gute Nachricht: Es gibt ein Leben jenseits von Einsamkeit. Ein paar Momente alleine mit dieser Einsamkeits-"Therapie" und du wirst erkennen, dass Du, wenn Du suchst, auch finden wirst: Du wirst entdecken, dass Du überhaupt nicht alleine bist!

Ruhestand, der glücklich macht (037-8)

Sich auf die neuen Umstände vorbereiten, sich an sie anpassen und das Beste aus ihnen machen. Hier finden sich provokative und praktische Fingerzeige in Sachen, wie man aktiv bleibt, wie man weiter wächst und was man in Zeiten von Stress oder Angst oder Verlust am besten tun kann. Die eigentliche, laute und klare Botschaft ist: Dies ist ein gute Zeit, um Neues zu beginnen.

Die natürlichste Therapie: Natur (038-5)

Natur heilt. Indem sie uns erfreut und inspiriert, indem sie uns nährt und für uns sorgt und uns schlußendlich dazu bringt uns mit ihr zu befassen, macht das Um und Alles der Schöpfung sein therapeutisches Werk an unseren abgespannten, ermüdeten, gebrochenen oder überstressten Personas. Möge dieser Elfenhellfer bewirken, dass wir die Natur mit neuen Augen sehen und ihrer mit erneuerten Herzen gewahr sind. Wir bedürfen der Schönheit so sehr wie des Brotes.

Schwanger sein und Mutter werden (047-7)

Schwanger sein ist eine Zeit der Veränderung – eine Zeit voller Wandel und Wunder. Dieser Elfenhllfer erzählt Dir, wie Du diese kostbare Zeit genießen kannst und Sorgen loslassen kannst. Mit sanftem, aber aufrichtigem Geist gibt er Dir 38 Anregungen und zeigt gute Wege auf, welche Mutterschaft erleichtern und angenehm machen und wie das Ankommen des neuen Babys zu einer beständigen Freude wird. Eine glückliche werdende Mutter weiß loszulassen und dem göttlichen Wunder, das sich ereignet, zu vertrauen.

Wahrhafte Weihnachten (048-4)

Gehst Du durch die Weihnachtszeit mit einem Gefühl von Unter-Druck-Stehen und von Leere, von Depression und Verfehltheit?

Vielleicht brauchst Du ein bisschen behutsame, konstruktive Therapie in Eigen-Regie – eine „Weihnachts-Therapie"? Hinweise voller Einsichten und verzaubernd farbenfrohe Illustrationen werden Dir hellfen, die lebendige Magie und das bedeutungsvolle Geheimnis dieser gesegneten Zeit im eigenen Herzen wiederzuentdecken.

Elfenhellferfür Kids

.....DAMIT ES DEN KINDERN GUT GEHT!

Anderen mit Achtung begegnen

Sei so mutig, Dich zu kümmern, zu teilen und fair zu sein

32 Seiten im Kinder-Großformat,
durchgehend vollfärbig illustriert.

ISBN 978 385 466 042-2

Kindheit ist die Zeit, Tugenden zu erlernen – oder genauer gesagt, sich mit ihnen „anzustecken“. Und die Tugend, anderen achtsam zu begegnen, ist ganz besonders wichtig und nötig in einer Welt, die immer verschiedenartiger und vielfältiger und dichter wird.

Was aber ist Achtung? „Es ist ein gute Art zu SEIN und ein Weg GUT ZU SEIN“ sagen die Autoren dieses hilfreichen und dabei unterhaltsamen Kinderbuchs. „Es ist ein Weg, sorgsam mit anderen, uns selbst und der Welt umzugehen.“

In der Kindheit geschehen die besten Lektionen des Achtens und Respektierens ganz ohne Worte, sondern durch gelebtes Beispiel. Dieser „Elfenhellfer für KIDS” mit seiner leicht verständlichen Sprache und seinen herzerwärmenden Illustrationen ist dabei sicher eine große Hilfe!

Elfenhellferfür Kids

.....DAMIT ES DEN KINDERN GUT GEHT!

Wenn Mama und Papa sich trennen

Ein Erste-Hilfe-Buch für Kinder

32 Seiten im Kinder-Großformat,
durchgehend vollfärbig illustriert.

ISBN 978 385 466 040-8

Trennen ist für niemanden leicht, schon gar nicht für Kinder. „Wenn Mama und Papa sich trennen" ist ein sanftes Erste-Hilfe-Buch, um Kindern durch diesen schmerzvollen Übergang zu hellfen.
Voll Mitgefühl und doch in ganz realitätsnaher Begleitung vermittelt die Autorin Kindern in beruhigender Weise, dass Trennung nicht ihr Versagen ist, und dass sie immer geliebt und umsorgt sein werden. Sie bietet greifbare Tipps an, um sich durch komplizierte Gefühle hindurchzuarbeiten, heikle Gefühle und enge Situationen herauszuarbeiten und einen guten Umgang mit Loyalitätskonflikten und Zeiteinteilungsproblemen zu finden.

Elfenhellferfür Kids

.....DAMIT ES DEN KINDERN GUT GEHT!

Traurig sein ist okay

Ein Trauer-Begleitbuch für Kinder, die einen Verlust erleben

32 Seiten im Kinder-Großformat,
durchgehend vollfärbig illustriert.

ISBN 978 385 466 039-2

Hier ist endlich das Buch, nach dem Elfenhellfer-Fans seit Jahren fragen: ein Buch, das Kindern hilft, in heilsamer, gesunder Weise zu trauern.
Dieses freundliche und liebevolle Begleitbuch ist gefüllt mit positiven, lebensbejahenden Hilfen für Kinder, um Verluste besser zu verkraften; unterstützend und tröstlich und dabei sehr praxisnah in der Herangehensweise.
Trauernde Kinder brauchen es in besonderer Weise zu wissen, dass auch nach einem Verlust die Welt immer noch ein sicherer Ort für sie ist, dass das Leben gut ist und verwundete Herzen auch wieder heil und ganz werden.

Elfenhellferfür Kids

.....DAMIT ES DEN KINDERN GUT GEHT!

Wütend sein ist okay

Ein Kinderbuch über zornige Gefühle

32 Seiten im Kinder-Großformat,
durchgehend vollfärbig illustriert.

ISBN 978 385 466 041-5

Kinder können wütend sein – und dabei immer noch gut sein. Letzten Endes sind wir alle von Zeit zu Zeit wütend. Das ist normal. Aber was sollen wir tun mit unserem Ärger und Zorn? Haben wir dabei irgendwelche Wahlmöglichkeiten?

„Wütend sein ist okay" vermittelt Kindern, dass sie Wahlmöglichkeiten haben. Das ist genauso wichtig, wie auch fürsorgende Erwachsene die Wahl haben, was sie ihren Kindern in Bezug auf Wut beibringen.

„Wütend sein ist okay" ist ein Buch, das alle Eltern, Lehrer und erziehenden Erwachsenen schätzen werden – denn es bietet Kindern aller Altersstufen einen positiven und ehrlichen Blick auf Wutgefühle und wie sie mit solchen angemessen zurechtkommen können.

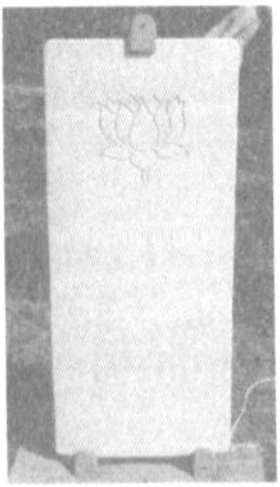

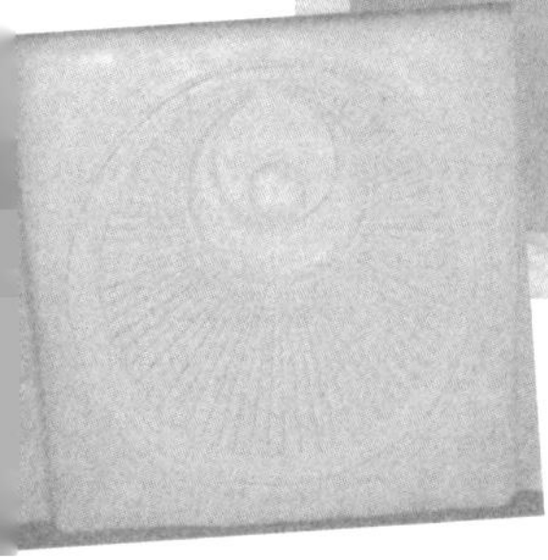